Tristan Tzara

Twenty-Five Poems,

Hans Arp

Ten Woodcuts

Collection Dada Zurich

1918

Zem Books

Tristan Tzara Twenty-Five Poems,

Hans Arp Ten Woodcuts

By

Tristan Tzara, Hans Arp

ISBN # 978-1-4583-8984-8

This edition published by Zem Books

2022.

Originally published 1918

the giant white leper of the landscape

salt groups in constellation
treatment of birds with cotton wool

in his lungs Asterias and
bugs sway
microbes crystallize into
muscle Palm swings
hello without cigarette tzantzantza ganga
bouzdouc zdouc nfouùnfa mbaah mbaah
nfouùnfa
macrocystis perifera embrace the
boats surgeon
clean wet scar
laziness of bright lights
the boats nfoùnfa nfoùnfa nfoùnfa
I shove the candles in her
ears gangànfah propeller and
boxer on the balcony the violin
from the hotel in baobabs of flames
the flames develop in
formation of sponges

flames are ngànga sponges and strike

the scales rise like Ganga blood
Ferns to the steppes of
wool my hazard to the waterfalls
glass sponge flames
doormats injuries doormats
doormats fall wancanca
aha bzdouc the butterflies
the scissors the scissors the scissors
and shadows
scissors and clouds scissors
ship
thermometer looks ultra-red
gmbabàba
berthe my education my dick
is cold and monochromatic
nfoua praises the
Orange mushrooms and
family of sounds beyond the starboard
originally originally the triangle
and the tree of travelers at the origin

my brains are going to hyperbole
kaolin is tingling in its cranial box
dalibouli obok and tòmbo and tòmbo
her belly is a big box
Here Comes the major drum
and the rattle
because there are zigzags on his

2

soul and a lot of rrrrrrrrrrrr
here the reader begins to scream
he starts screaming starts screaming
scream then in this cry there are
flutes that multiply-corals
the reader wants to die maybe
or dance and start screaming
he's slim dirty idiot he doesn't understand
not my worms.
he's blind
there are zigzags on his soul
and a lot of rrrrrrr
nbaze baze baze look at the tiara
submarine that turns out in golden algae
hozondrac trac
nfooùnda nbabàba nfooùnda tata
nbabàba

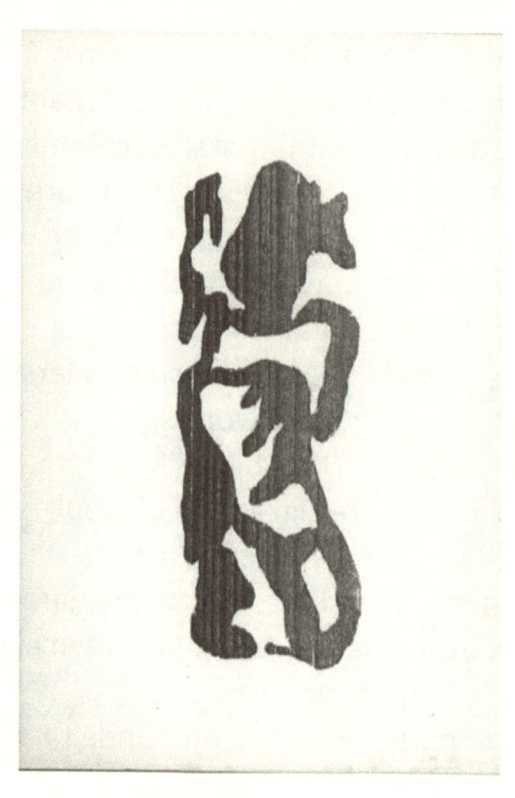

movement

astronomical gargle
vibrates vibrates vibrates in the
metal groove of heights
your soul is green is Meteorological
Emperor
and my ears are plant torches

listen listen listen I swallow mbampou
and your good will
take dance hear Come turn
wood vire ouhou ouhou ouhou
Falcon Falcon of your own
bitter images
mel O my friend You Raise Me The
morning in panama
that I am God unimportant
or hummingbird
or my servant's fetus.
outstanding
or tailor explosion color
otter
hair circular waterfall dress
inner letter we receive
in the hospital Long very long letter
when you paint conscientiously
your bowels your inner hair
you're insignificant to me like
a fake passport
the chimney sweepers sounds blue at noon
bark of my last clarity
rushes into the abyss of
green medicines my dear my umbrella
your eyes are closed the lungs too
from the jet - water we hear the pee

chimney sweep

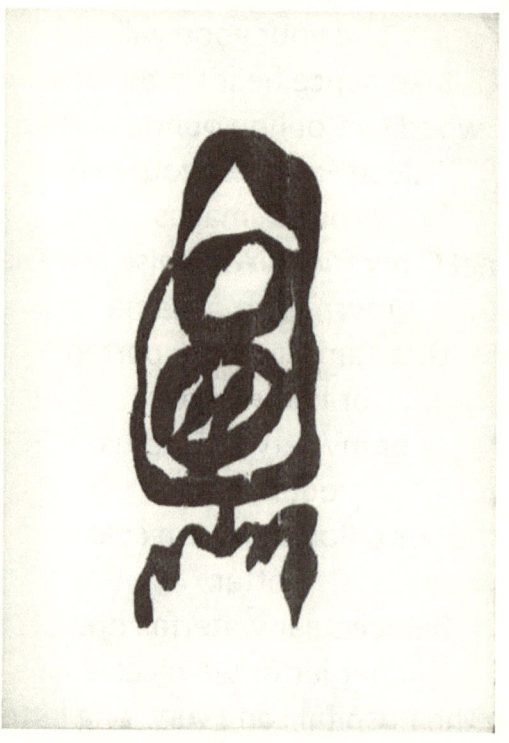

the great lamentation
from my darkness a

cold whirlwind zigzag of blood
I'm soulless waterfall without
friends and no talents Lord

I do not regularly receive
letters from my mother
who have to go through Russia
Norway and England
memories in red spirals
burn the brain on the steps
amphitheatre
and as a bright advertisement
from my soul, woe gushed from
sphere
light tower the fruitful wheel
blue ants
nimbe overacute dryness of pains

come near me that prayer
don't mind she goes down in
the earth as the divers
that we will invent
then the darkness of iron in wine and
salt will change
lightning-fast simplicity of our
plants beware
lightning rods that group together
in Spider
so I become the crown of a
huge christ
country without voltaic arc shape

snow Eagles will come
feeding the rock
where the deep clay will change to milk
and milk will disturb the night
chains will ring
the rain will make up heavy chains
will form in the space of the wheels
ray
the scepter in the middle among the
branches
the old newspapers the tapestries
a paralytic
nimbe drought
fertile wheel of the Blue ants

Lord golden finger furnace
sphingery
why strangle him why
after the Lightning Strike walking
military will burst
my despair tin iron tube
but why why then?
so so always but the way
you must be my rain my
Darkness My Metal my
circuit my pharmacy no
Cry No More cry
do you want

the great lamentation
from my darkness two

look at my hair grow
the springs of the brain are
yellow lizards liquefying
sometimes
hangman
holed
tree
soldier
in muddy areas where
birds stick in silence
astral Knight
faded tapestries
acid that does not burn in the way
Panthers in cages
the water jet escapes and rises
towards other colors

earthquake
suffering my daughter from the Blue

nothing
and distant
my head is empty Horn a hotel cabinet
tell me slowly fish
humble tremble and break
when do you want to leave
the sand
port pass
desire
and the bridge break to third resistance
space
police officer
emperor
heavy
sand
what furniture what lamp to invent
for your soul
September paper gas
in the printing house

I love you lemons that swell
on the ice we separate my
mother my veins along the Lord
my mother
my mother my mother you wait in
the snow amassed electricity
fabulous
discipline

sheets se Group in constructions
wings reassure us
on an island and rises like
the order of the Archangels

white light

glass cross peaceful

the joy of wind lines around
you warm the soul
smoke speed steel smoke
geography of silk embroidery
colonized in bloom of sponges
the crystallized song
in the
body vase with flower of
smoke

vibration of black
in your blood
in your blood of intelligence and
evening wisdom
a blue wrinkled eye in a clear glass
I love you I love you
a vertical descends into my
fatigue that no longer illuminates me

11

my heart wrapped in a
old newspaper
you can bite him: whistle
leave
the clouds tidied up in the fever
officer
bridges tear your poor thing apart
body is very large see these
Milky Way scissors and cutting
the souvenir in green forms
in a direction always in
the same direction
always getting bigger getting bigger

drugstore-consciousness

from the lamp of a lily will be born a
so great prince
that water jets will expand plants
and the Leech turning into
disease tree
I seek the root Lord motionless
Lord motionless
why then yes you will learn
come in a spiral towards the tear
unnecessary

wet parrot

lignite cactus swells between
the horns of the Black Cow
the parrot digs the tower the
Saint mannequin

in the heart there is a child—a lamp
the doctor declares that it will not pass
not at night

then he leaves in short lines
and treble silence silent training

when the hunted Wolf rests
on the White
the Chosen One Hunts his locked up
showing the flora from death
who will cause
and the cardinal of france will appear
the three lilies lightning clarity virtue
electric
red long dry painting fish
and letters under color

the giant leper of the landscape
stops between two cities
it has cadence streams and
Hill turtles accumulate heavily
he spits sand kneads his lungs

13

wool lighten
soul and Nightingale swirl
in his laughter—sunflower
he wants to pick the rainbow My
heart is a paper Asteria

in missouri in Brazil in the Caribbean
if you think if you're happy reader
you become for a moment
transparent
your brain transparent sponge
and danc this transparency there
will have another more distant
transparency
distant when a new animal
blue in this transparency

retirement

birds childhood plows fast
hostel
fight the pyramids
18 brumaire
the cat the cat is saved
entry
cry

14

valmy
bright red vire
cry
in the hole trumpet slow chimes
cry
chapped hands of trees order
cry
it
position
towards the White towards the bird
cry
you cry
slide

you wear nails on your scars
lunar Proverbs
tanned Moon unfolds on the horizons
your diaphragm
Moon eye tanned in a liquid
black viscous
vibration the deaf
heavy animals fleeing in circles
tangent
treatment of muscle heat
pipes bend braid
intestine
blue

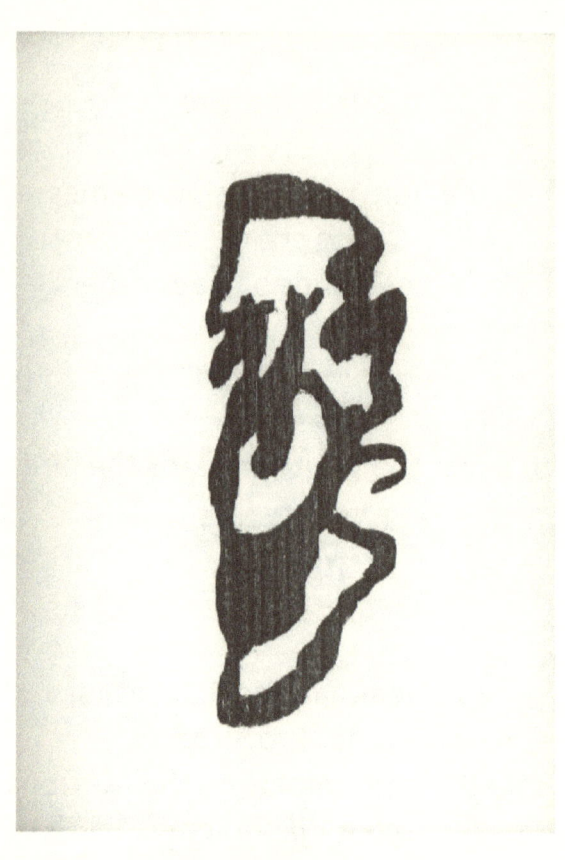

holy

formation Marine Stony ancestry
tree
multiplication my memory in
the trembles guitars my memory
the caphre the Clown the wildebeest
engirlandent gear
the angel liquefies in a

drug and dissonances
climb the lightning rod
become Panthers gear ships
rainbow that sucks them
sounds all sounds and sounds
imperceptible and all sounds
they coagulate
my dear if you have pain because
sounds you have to take a pill

inner concentration crackling
words that die
crackling electric discharges
gymnotes the water that tears
when horses cross the
lacustrine couplings
all cabinets crack
war
there
o the changing newborn
made of granite stone that
becomes too hard and too heavy for
his mother the song of the lithotomist
grinds the stone in the
bladder it sinks lilacs and
newspaper

silence sulfur flower

typhoid fever silence
the heart clock microbes sand
Mandrake
in the wind you wave it like the torch
from mercury to the North
the grass Rotten lizards O my
sleep catching chameleon flies
astronomical
O my sleep of aniline and
zoology
your severed head could whistle
beautiful colors
Once Upon a time at night chemical garden
put the ambassador's orders
green circular clean light
in the heart of the icons
when you walk in the water
multi-colored fish consist of
around the feet like the flower
the sun's rays of childbirth
the oneiromancienne with the boreal heart
the big candle in the well
fruits eggs and jugglers
our nights
around the gelatinous sun for
our light that is a sick

sage dance March

18

ice breaks a lamp leaks
and the yellow trumpet is your
lung and square teeth
the star stamp post of Jesus-fleurchemise
watch turn
turn stones from black
in the cold soul I am alone
and I know I'm alone and dancing
Lord you know I love him
green and thin because I like it big
wheels grinding strong gold here's the one
that always freezes
walk on the tips of my feet
empty your eyes and bite the star
that I put between your teeth
whistle
Prince violin whistles white bird

sage dance two

increase of an unplanned propeller fog
impassable voltaic arc screw China

manufacturer
corridors of houses
and smoke
gradation of the wind that tears the laundry
in a drawer the snuffbox bark
orange and string
O valve of my soul emptied
the vial tied to the neck
the trains suddenly shut up

pelamide

a e or youyouyou i E or youyouyou
drrrrrrrrrrrrrrrrrrrrrrrrrrrrrrrrrrrrrrrrrrr
pieces of fluttering green duration
in my room
a e o i ii i e A O II II belly
show the center I want to take it
ambran bran bran and render
centre of the four
beng Bong beng bang
Where Are you going iiiiiiiiupft
machinist the ocean a o u ith
a o u ith i O u ath a o uith o u a ith

the glowing worms among us
among our bowels and directions
but the captain studies the indications
from the Compass
and color concentration
goes crazy
Stork litophanie there is my
memory and ocarina in the pharmacy
horizontal sericulture of buildings
pelagoscopic
The Madwoman of the village smolders
buffoons for the Royal Court
hospital becomes canal
and the channel becomes violin
on the violin there is a ship
and on the port the Queen is
among emigrants to mexico

the great lamentation
from my darkness three

at us the flowers of the pendulums
light up and the feathers circle

21

clarity
the morning of distant sulfur
cows lick salt lilies
my son
my son

let's always hang out by the color
world
that looks bluer than the
subway and that astronomy
we're too skinny
we have no mouth
our legs are stiff and collide
our faces have no shape
like the stars
crystals points without fire force
burned the Basilica
crazy: zigzags crack
phone
bite the ropes liquefy
arc
climb
astral
memory
to the north by its double fruit
like raw flesh
hungry Fire Blood

cold yellow

we will clouds among the
eskimo
beautify the convalescence of our
Botanical thoughts
under the twisted Twilight
vibrant green garbage
fur

I put away my promises confectionery
hotelier in his shop
final paulownias
the remoteness unfolds glacially
and cutting like a stagecoach
rainy remoteness
teenager
other sound
pedestrian feverish and rotten and
broken and repairable embroidery
I was thinking of something
very scabrous
autumn calendar in each tree
my love organ is blue

I am mortal monsieur bleubleu

and from the corpse rises a strange country
monte monte to other astronomies

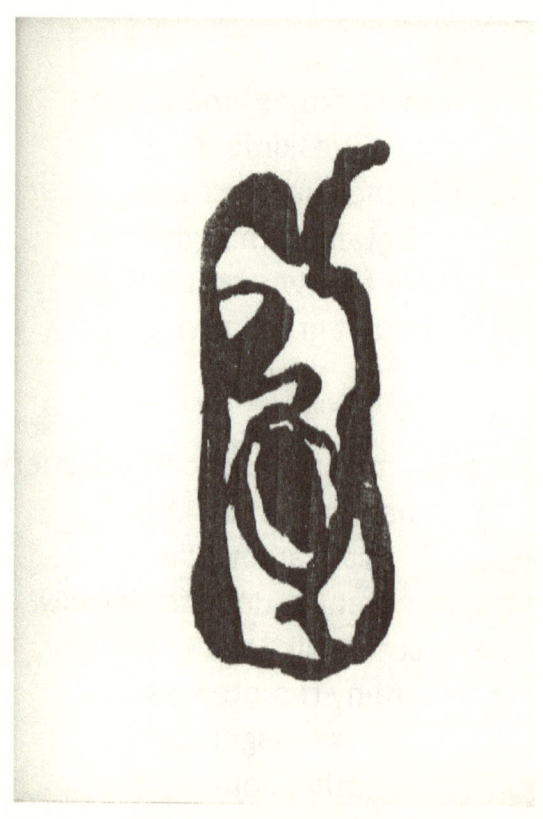

the tamper of
lions remembers

look at me and be color
later
your laughter eats sun for hares
for chameleons
squeeze my body between two lines
wide let the famine be light
sleep sleep you see we are
heavy blue antelope on glacier
ear in beautiful stones
borders-hear the stone
old fisherman Cold big on
new letter learning girls
wire and sugar rotate
long the vials are large
as the white umbrellas hear
Red Roll
to the colonies
souvenir scent of own pharmacy
old maid
green horse and cereals
screaming Horn
flute
luggage dark menageries
bite saw do you want
horizontal view

spring

at h arp

place the child in the vase at the
midnight background
and the wound
a wind rose with your fingers
to the beautiful nails
Thunder in feathers see
a bad water flows from the
members of the Antelope

suffer down have you found
bird cows?
thirst the faithful of the peacock in the cage
the king in exile by the clarity of the
well mummifies slowly
in the vegetable garden
sowing broken grasshoppers
planting Ant hearts the
salt fog one lamp shoots
the tail on the sky
the small splinters of glassware in
the runaway deer belly

on the points of black branches
short for a scream

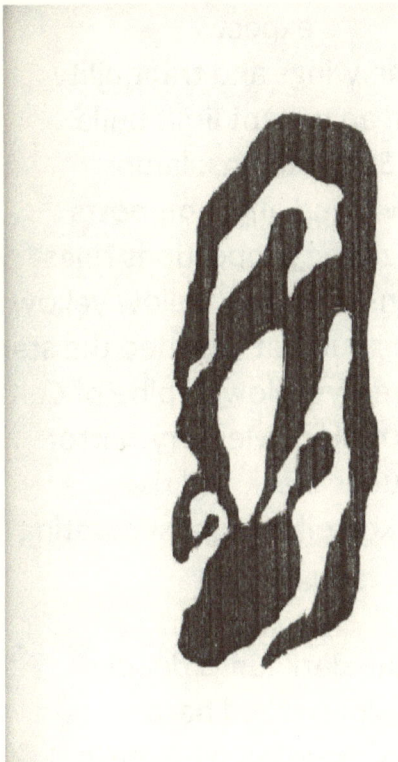

bitter wing evening

by astronomical night revolution
you gave me knowledge
paper

friend
architecture
Sweden
expect
I phone wings and tranquility
from an instant limit build
in Salt columns: lamps
snow cloud and lampposts
music zigzag proportions rings
mountains of yellow yellow yellow
yellow o the soul that whistled the stanza
from the sweaty yellowed pipe of Censer
sister of black Memory Mirror
tubes crack and rise
and the krecelles burst separating
zigzag air

in the dark lungs deeply
sleep is red hard
heavy skeleton wire mesh
the waters love the direction to
what lighted Ebony wing are you
you're leaving
mother
burn out
traverse
why
bloody

king
origin
candle
my thoughts go—to pasture
sheep-to Infinity
symmetrically
domestic
light heavy collars
black
lean
surface
stone

Sun night

his Ice King and his name comes down
and appears at sea in fish
the shark her body
maritime Guardian
born
voracity open to the sounds of
Spears and green door

be my sister on the wide walk
planet
too long I've seen skeleton
the
mannequins with umbrellas in
the White mine
hot

and I draw the country and your jewels
are living eyes
the cow gave birth to a big eye
pain or iron living
by the sea rises in
spiral the sphere
storm

the Virgin crushed her flesh and died
in the desert
fire inside large
volcanic stones
his image and fruits
the rain will be the flower of famine
drought
waterproof coat of our
hearts make it easy for us to escape and
the Lord's boat covered
plant

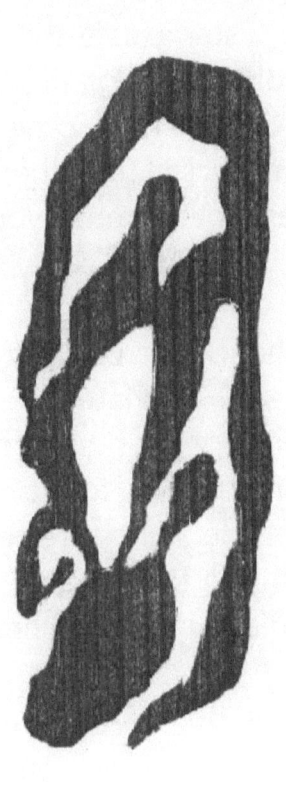

touch me
touch me only

you smoke the bitter blowjob in the
night my teeth are whiter
star in safe stir
vividly Digests on fire Stone
yellow my brother
Gymnastics in the other room
pipes pipes arrange yourself
vertical cut
interrupt
mechanism drrrrr rrrrrrr bars
deviate
shaking of the rays pierce us
find the way to the city
our roots our cigarette tips
lit fixed in all
small fungi in the brain
wet
Red Boat hung above
water
you can't sleep next to me.
I'm tram somewhere back and forth
in love
the noise in the throat of the great
empty Metal Cats
my veins are covered with
bracelet
bite

in my body Dark masses
cushions that inflate
on the water of bitterness verdi is
heart
explosion
without knowing how or why
tight short
show the way
all of a sudden
rot in large stone gold
dense

dancing rubber glass

disease darkness bloom in matches
in our organisms freeze

touch me
touch me only
snail rides on Axis white country

wind wants
colourless

wants wants
tremble
want
who who yes wants

gentleman
tzacatzac
parasol
cases cases
ice slips
gentleman

gentleman
ink nuts makes a noise the flower-stamp-
post

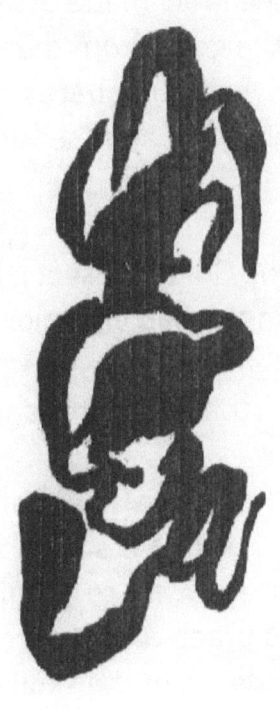

country see white

to maya chrusecz

the 10 o'clock gold broke
death
burned the window made of clay and gold
separate the good from the water into
leather squares
and the fish alert set with a
pin

Cook Golden insect eyes
I am the bad vibration of
heat
in striated heart beats

bones are also spoons
for your soul
but we want to rebuild
sound green under porcelain
sleeps in the skull

and chase the little men
in their vowel
cut them by the train along
ringtone
and chase the little men
in their vowel
the little fire in the chalice
and chase the little men
in their vowel

chase the little ones the little ones
men in their vowel

white crystal jump
to m ianco

on a nail
height decomposed sewing machine
disturbing the pieces of black
see yellow flow
your heart is an eye in the box
rubber
sticking to an eye collar
paste postage stamps on your
eye

starting horses Norway tighten
jewelry to turn dry
do you want to? cry
lick the path that goes up to
voice

abraham grows in the circus
tobacco in its bones ferments

abraham grows in the circus
piss in the bones
the horses rotate have
electric lamps instead of heads
climb up climb up climb up
Archbishop bleu you are a violin
iron
and giggle giggle
green
digit

small town in Siberia

a blue light that holds us
flat set on the ceiling
it's like always my comrade
as a door label
Infernals glued on a vial
medicine
it's the quiet house my friend
aspen
and then the heavy dance bent
offers age jumping hour
in hour on the dial

the intact collar of the
locomotives cut down
sometimes among us
and deflates you name it
silence drinking tin roofs
Herring box glow and my
decent heart on houses
lower lower higher
on which I
want to gallop and rub your hand
against the hard table to the crumbs
of bread sleep oh yes if one
could only
the train again the calf
show of the tower of the beautiful je
rest on the bench
whatever the calf the beautiful the
diary what will follow it does
cold I wait speak higher
hearts and eyes roll
in my mouth
e n M a R C h e
and small children in the blood
[is it the angel? I'm talking about the one
who
approaching]
let's run faster again
always everywhere we will stay

between black windows

park

dance shouts breaks
roll I'm waiting on the bench
all-the-same what? nerves are
silence
moments cut off

read quietly
corner
newspaper
look who's coming by?

I haven't got a clue
if I'm alone
the light listens but what
side and why

the flight of a burning bird
is my manly strength under the dome
I seek asylum in the flamboyant background
Ruby steering wheel

I gave my soul
with white stone

unclaimed God
accurate and wise

order in friendship
say: the pain of fire
blackened my eyes
and I threw them in the waterfall

leave
see my face
in the evening circle or in
suitcase
or in the snow cage

I'm leaving tonight.
the spark cries
in my bed in the factory
howl dogs and jaguars

have you also given your soul
stone bracelet
saltimbanque with oblong skull
my brother rides

I was honest.
infinite sister

finished for this
night

hearts of pharmacies plants
open to spheroidal glow
and the liqueurs of religion
it's true
lions and clowns

French Text

le géant blanc lépreux du paysage

le sel se groupe en constellation
d'oiseaux sur la tumeur de ouate

dans ses poumons les astéries et
les punaises se balancent
les microbes se cristallisent en
palmiers de muscles balançoires
bonjour sans cigarette tzantzantza ganga
bouzdouc zdouc nfoùnfa mbaah mbaah
nfoùnfa
macrocystis perifera embrasser les

bateaux chirurgien des bateaux
cicatrice humide propre
paresse des lumières éclatantes
les bateaux nfoùnfa nfoùnfa nfoùnfa
je lui enfonce les cierges dans les
oreilles gangànfah hélicon et
boxeur sur le balcon le violon
de l'hôtel en baobabs de flammes
les flammes se développent en
formation d'éponges

les flammes sont des éponges ngànga et
frappez
les échelles montent comme le sang gangà
les fougères vers les steppes de
laine mon hazard vers les cascades
les flammes éponges de verre les
paillasses blessures paillasses
les paillasses tombent wancanca
aha bzdouc les papillons
les ciseaux les ciseaux les ciseaux
et les ombres
les ciseaux et les nuages les ciseaux
les navires
le thermomètre regarde l'ultra-rouge
gmbabàba
berthe mon éducation ma queue
est froide et monochromatique

nfoua loua la
les champignons oranges et la
famille des sons au delà du tribord
à l'origine à l'origine le triangle
et l'arbre des voyageurs à l'origine

mes cerveaux s'en vont vers l'hyperbole
le caolin fourmille dans sa boîte crânienne
dalibouli obok et tòmbo et tòmbo
son ventre est une grosse caisse
ici intervient le tambour major
et la cliquette
car il y a des zigzags sur son
âme et beaucoup de rrrrrrrrrrrrrr
ici le lecteur commence à crier
il commence à crier commence à
crier puis dans ce cri il y a des
flûtes qui se multiplient—des corails
le lecteur veut mourir peut-être
ou danser et commence à crier
il est mince idiot sale il ne comprend
pas mes vers il crie
il est borgne
il y a des zigzags sur son âme
et beaucoup de rrrrrrr
nbaze baze baze regardez la tiare
sousmarine qui se dénoue en algues d'or
hozondrac trac

nfoùnda nbabàba nfoùnda tata
nbabàba

mouvement

gargarisme astronomique
vibre vibre vibre vibre dans la
gorge métallique des hauteurs
ton âme est verte est météorologique
empereur
et mes oreilles sont des torches végétales

écoute écoute écoute j'avale mbampou
et ta bonne volonté
prends danse entends viens tourne
bois vire ouhou ouhou ouhou
faucon faucon de tes propres
images amères
mel o mon ami tu me soulèves le
matin à panama
que je sois dieu sans importance
ou colibri
ou bien le phœtus de ma servante
en souffrance
ou bien tailleur explosion couleur
loutre
robe de cascade circulaire chevelure

45

intérieure lettre qu'on reçoit
à l'hôpital longue très longue lettre
quand tu peignes consciencieusement
tes intestins ta chevelure intérieure
tu es pour moi insignifiant comme
un faux-passeport
les ramoneurs sons bleus à midi
aboiement de ma dernière clarté
se précipite dans le gouffre de
médicaments verdis ma chère mon
parapluie
tes yeux sont clos les poumons aussi
du jet-d'eau on entend le pipi
les ramoneurs

la grande complainte
de mon obscurité un

froid tourbillon zigzag de sang
je suis sans âme cascade sans
amis et sans talents seigneur
je ne reçois pas régulièrement les
lettres de ma mère
qui doivent passer par la russie
par la norvège et par l'angleterre
les souvenirs en spirales rouges

brûlent le cerveau sur les marches
de l'amphithéâtre
et comme une réclame lumineuse
de mon âme, malheur jailli de
la sphère
tour de lumière la roue féconde
des fourmis bleues
nimbe sécheresse suraiguë des douleurs

viens près de moi que la prière
ne te gêne pas elle descend dans
la terre comme les scaphandres
qu'on inventera
alors l'obscurité de fer en vin et
sel changera
simplicité paratonnerre de nos
plantes prenez garde
les paratonnerres qui se groupent
en araignée
ainsi je deviens la couronne d'un
christ énorme
pays sans forme arc voltaïque

les aigles de neige viendront
nourrir le rocher
où l'argile profonde changera en lait
et le lait troublera la nuit les
chaînes sonneront

la pluie composera des chaînes lourdes
formera dans l'espace des roues
des rayons
le sceptre au milieu parmi les branches
les vieux journaux les tapisseries
un paralytique
nimbe sécheresse
roue féconde des fourmis bleues

seigneur doigt d'or fourneau
sphingerie
pourquoi l'étrangler pourquoi
après le coup de foudre la marche
militaire éclatera
mon désespoir tube en fer d'étain
mais pourquoi pourquoi alors?
ainsi ainsi toujours mais le chemin
tu dois être ma pluie mon
obscurité mon métal mon
circuit ma pharmacie nu
mai plânge nu mai plânge
veux-tu

la grande complainte

de mon obscurité deux

regarde mes cheveux ont poussé
les ressorts du cerveau sont des
lézards jaunis qui se liquéfient
parfois
le pendu
troué
arbre
le soldat
dans les régions boueuses où
les oiseaux se collent en silence
chevalier astral
tapisseries fanées
acide qui ne brûle pas à la manière
des panthères dans les cages
le jet-d'eau s'échappe et monte
vers les autres couleurs

tremblements
souffrance ma fille du rien bleu
et lointain
ma tête est vide corne une armoire d'hôtel
dis-moi lentement les poissons
des humbles tremblent et se cassent
quand veux-tu partir
le sable

passe-port
désir
et le pont rompre à tierce résistance
l'espace
policiers
l'empereur
lourd
sable
quelle meuble quelle lampe inventer
pour ton âme
septembre de papier gaz
dans l'imprimerie

je t'aime les citrons qui gonflent
sur la glace nous séparent ma
mère mes veines le long du seigneur
ma mère
ma mère ma mère tu attends dans
la neige amassée électricité
fabuleux
discipline
les feuilles se group en constructions
d'ailes nous tranquillisent
sur une île et monte comme
l'ordre des archanges

feu blanc

verre traverser paisable

la joie des lignes vent autour de
toi calorifère de l'âme
fumée vitesse fumée d'acier
géographie des broderies en soie
colonisée en floraison d'éponges
la chanson cristallisée
dans le
vase du corps avec la fleur de
fumée

vibration du noir
dans ton sang
dans ton sang d'intelligence et de
sagesse du soir
un œil ridé bleu dans un verre clair
je t'aime je t'aime
une verticale descend dans ma
fatigue qui ne m'illumine plus
mon cœur emmitouflé dans un
vieux journal
tu peux le mordre: siffler
partons

les nuages rangés dans la fièvre
des officiers
les ponts déchirent ton pauvre
corps est très grand voir ces
ciseaux de voie lactée et découper
le souvenir en formes vertes
dans une direction toujours dans
la même direction
s'agrandissant toujours s'agrandissant

droguerie—conscience

de la lampe d'un lys naîtra un
si grand prince
que les jets-d'eau agrandiront les usines
et la sangsue se transformant en
arbre de maladie
je cherche la racine seigneur immobile
seigneur immobile
pourquoi alors oui tu apprendras
viens en spirale vers la larme
inutile

perroquet humide

cactus de lignite gonfle-toi entre
les cornes de la vache noire
le perroquet creuse la tour le
mannequin saint

dans le cœur il y a un enfant—une lampe
le médecin déclare qu'il ne passera
pas la nuit

puis il s'en va en lignes courtes
et aigues silence formation silencieuse

quand le loup chassé se repose
sur le blanc
l'élu chasse ses enfermés
montrant la flore issue de la mort
qui sera cause
et le cardinal de france apparaîtra
les trois lys clarté fulgurale vertu
électrique
rouge long sec peignant poissons
et lettres sous la couleur

le géant le lépreux du paysage
s'immobilise entre deux villes
il a des ruisseaux cadence et les
tortues des collines s'accumulent
lourdement

il crache du sable pétrit ses poumons
de laine s'éclaircir
l'âme et le rossignol tourbillonnent
dans son rire—tournesol
il veut cueillir l'arc-en-ciel mon
cœur est une astérie de papier

à missouri au brésil aux antilles
si tu penses si tu es content lecteur
tu deviens pour un instant
transparent
ton cerveau éponge transparente
et danc cette transparence il y
aura une autre transparence plus lointaine
lointaine quand un animal nouveau
bleuira dans cette transparence

retraite

oiseaux enfance charrues vite
auberges
combat aux pyramides
18 brumaire
le chat le chat est sauvé

entrée
pleure
valmy
vive vire rouge
pleures
dans le trou trompette lent grelots
pleure
les mains gercées des arbres ordre
pleure
lui
postes
vers le blanc vers l'oiseau
pleurons
vous pleurez
glisse

tu portes clouées sur tes cicatrices
des proverbes lunaires
lune tannée déploie sur les horizons
ton diaphragme
lune œil tanné dans un liquide
visqueux noir
vibrations le sourd
animaux lourds fuyant en cercles
tangents
de muscles goudron chaleur
les tuyaux se courbent tressent
les intestins

bleu

sainte

formation marine pierreuse ascendance
arborescente
multiplication mon souvenir dans
les guitares du trembles mon souvenir
le caphre le clown le gnou
enguirlandent l'engrenage
l'ange se liquéfie dans un
médicament et dissonances
grimpent sur le paratonnerre
devenir panthères navires engrenage
arc-en-ciel qui les aspire
les sons tous les sons et les sons
imperceptibles et tous les sons
se coagulent
ma chère si tu as mal à cause
des sons tu dois prendre une pilule

concentration intérieure craquement
des mots qui crèvent
crépitent les décharges électriques
des gymnotes l'eau qui se déchire
quand les chevaux traversent les
accouplements lacustres

toutes les armoires craquent
la guerre
là-bas
o le nouveau-né qui se transforme
en pierre de granit qui
devient trop dur et trop lourd pour
sa mère le chant du lithotomiste
broie la pierre dans la
vessie il y enfonce des lilas et
des journaux

silence fleur de soufre
fièvre typhoïde silence
le cœur horloge microbes sable
mandragore
au vent tu l'agites comme la torche
de mercure vers le nord
l'herbe lézards pourris ô mon
sommeil attraper les mouches caméléon
astronomique
ô mon sommeil d'aniline et de
zoologie
ta tête sectionnée pourrait siffler
de belles couleurs
jadis la nuit jardin chimique
mettait les ordres de l'ambassadeur
la lumière propre circulaire verdie
dans le cœur des icônes

quand tu marches dans l'eau les
poissons multicolores se composent
autour des pieds comme la fleur
les rayons solaires de l'accouchement
l'oniromancienne au cœur boréal
la grande chandelle dans le puits
les fruits les œufs et les jongleurs
se rangent dans nos nuits
autour du soleil gélatineux pour
notre lumière qui est une maladie

sage danse mars

la glace casse une lampe fuit
et la trompette jaune est ton
poumon et carré les dents de
l'étoile timbre poste de jésus-fleurchemise
la montre tournez
tournez pierres du noir
dans l'âme froide je suis seul
et je le sais je suis seul et danse
seigneur tu sais que je l'aime
vert et mince car je l'aime grandes
roues broyant l'or fort voilà celui
qui gèle toujours
marche sur les bouts de mes pieds
vide tes yeux et mords l'étoile

que j'ai posée entre tes dents
siffle
prince violon siffle blanc d'oiseaux

sage danse deux

accroissement d'un brouillard d'hélices
imprévues
arc voltaïque impassible visse
les corridors échine des maisons
et la fumée
gradation du vent qui déchire le linge
dans un tiroir la tabatière écorces
d'oranges et des ficelles
ô soupape de mon âme vidée
la fiole liée au cou
les trains se taisent tout d'un coup

pélamide

a e ou o youyouyou i e ou o youyouyou
drrrrrdrrrrdrrrrgrrrrgrrrrrgrrrrrrrr
morceaux de durée verte voltigent
dans ma chambre
a e o i ii i e a ou ii ii ventre
montre le centre je veux le prendre
ambran bran bran et rendre
centre des quatre
beng bong beng bang
où vas-tu iiiiiiiiupft
machiniste l'océan a o u ith
a o u ith i o u ath a o uith o u a ith
les vers luisants parmi nous
parmi nos entrailles et nos directions
mais le capitaine étudie les indications
de la boussole
et la concentration des couleurs
devient folle
cigogne litophanie il y a ma
mémoire et l'ocarina dans la pharmacie
sériciculture horizontale des bâtiments
pélagoscopiques
la folle du village couve des
bouffons pour la cour royale
l'hôpital devient canal
et le canal devient violon
sur le violon il y a un navire

et sur le bâbord la reine est
parmi les émigrants pour mexico

la grande complainte
de mon obscurité trois

chez nous les fleurs des pendules
s'allument et les plumes encerclent
la clarté
le matin de soufre lointain les
vaches lèchent les lys de sel
mon fils
mon fils

traînons toujours par la couleur
du monde
qu'on dirait plus bleue que le
métro et que l'astronomie
nous sommes trop maigres
nous n'avons pas de bouche
nos jambes sont raides et s'entrechoquent
nos visages n'ont pas de forme
comme les étoiles

cristaux points sans force feu
brûlée la basilique
folle: les zigzags craquent
téléphone
mordre les cordages se liquéfier
l'arc
grimper
astrale
la mémoire
vers le nord par son fruit double
comme la chair crue
faim feu sang

froid jaune

nous allons nuages parmi les
esquimaux
embellir la convalescence de nos
pensées botaniques
sous les crépuscules tordus
ordure verdie vibrante
blan

j'ai rangé mes promesses confiserie

hôtelier dans sa boutique
paulownias définitives
l'éloignement se déroule glacial
et coupant comme une diligence
éloignement pluvieux
adolescent
ailleurs sonore
piéton fiévreux et pourri et
rompu et broderies réparables
je pensais à quelque chose de
très scabreux
calendrier automnal dans chaque arbre
mon organe amoureux est bleu
je suis mortel monsieur bleubleu

et du cadavre monte un pays étrange
monte monte vers les autres astronomies

le dompteur de
lions se souvient

regarde-moi et sois couleur
plus tard
ton rire mange soleil pour lièvres
pour caméléons
serre mon corps entre deux lignes

larges que la famine soit lumière
dors dors vois-tu nous sommes
lourds antilope bleue sur glacier
oreille dans les pierres belles
frontières—entends la pierre
vieux pêcheur froid grand sur
lettre nouvelle apprendre les filles
en fil de fer et sucre tournent
longtemps les flacons sont grands
comme les parasols blancs entends
roule roule rouge
aux colonies
souvenir senteur de propre pharmacie
vieille servante
cheval vert et céréales
corne crie
flûte
bagages ménageries obscures
mords scie veux-tu
horizontale voir

printemps

à h arp

placer l'enfant dans le vase au
fond de minuit
et la plaie
une rose des vents avec tes doigts
aux belles ongles
le tonnerre dans des plumes voir
une eau mauvaise coule des
membres de l'antilope

souffrir en bas avez-vous trouvé
des vaches des oiseaux?
la soif le fiel du paon dans la cage
le roi en exil par la clarté du
puits se momifie lentement
dans le jardin de légumes
semer des sauterelles brisées
planter des cœurs de fourmis le
brouillard de sel une lampe tire
la queue sur le ciel
les petits éclats de verreries dans
le ventre des cerfs en fuite
sur les points des branches noires
courtes pour un cri

amer aile soir

par astronomique révolution nocturne
tu m'as donné connaissance
papier
ami
architecture
suède
attendre
je téléphone ailes et tranquillité
d'un instant de limite construire
en colonnes de sel: des lampes
de nuage neige et lampions de
musique zigzag proportions anneaux
monts de jaune jaune jaune
jaune ô l'âme qui siffla la strophe
du tuyau jauni en sueur d'encensoir
la sœur du noir mémoire miroir
les tubes craquent et s'élèvent
et les crécelles éclatent séparant
l'air en zigzag

dans les poumons obscurs profondément
le sommeil est rouge dur
les grillages des squelettes lourds
les eaux adorent la direction vers
quelle aile d'ébène illuminée est-tu
tu partie
mère

66

s'étioler
traverse
pourquoi
sanglant

roi
origine
chandelle
mes pensées s'en vont—au pâturage
les moutons—vers l'infini
symétriquement
domestique
les colliers lourds de lumière
noire
maigre
surface
pierre

soleil nuit

son roi de glace et son nom descend
et apparaît en mer dans le poisson
le requin son corps
gardien maritime

naître
voracité ouverte aux sons des
lances et de la porte verte

sois ma sœur en large marche
de planète
trop longtemps j'ai vu squelette
les
mannequins aux parapluies dans
la mine blanche
chaude

et je dessine le pays et tes bijoux
sont des yeux vivants
la vache accoucha un grand œil
vivant de douleur ou de fer
au bord de la mer monte en
spirale la sphère
la tempête

la vierge écrasa sa chair et mourut
dans le désert
le feu à l'intérieur de grosses
pierres volcaniques
son image et les fruits
la pluie sera fleur de la famine
de la sécheresse
manteau imperméable de nos

cœurs facilite-nous la fuite et
l'embarcation du seigneur couvert
de plantes

moi touche-moi
touche-moi seulement

tu fumes la pipe amère dans la
nuit mes dents sont plus blancs
étoile dans le coffre-fort remue
vivement digère sur la pierre feu
jaune mon frère
gymnastique dans l'autre chambre
tuyaux tuyaux arrangez-vous
verticale coupée
interrompre
mécanisme drrrrr rrrrrrrr barres
écartées
ébranlement des rayons perce-nous
trouves le chemin de la cité
nos racines nos bouts de cigarettes
allumées fixées en tout
petits champignons dans le cerveau

humide
bateau rouge accroché au-dessus
de l'eau
tu ne peux pas dormir à côté de moi
je suis tramway quelque-part va-et-vient
dans l'amour
le bruit dans la gorge des grands
chats en métal vide
mes veines sont couvertes de
bracelets
mordues

dans mon corps des masses obscures
coussins qui gonflent
sur l'eau d'amertume verdi est
le cœur
l'explosion
sans savoir comment ni pourquoi
serrées courtes
montrent le chemin
d'un coup
pourrir en or de pierre grande
dense

danse caoutchouc verre

maladie obscurité fleurir en allumettes
dans nos organismes geler

moi touche-moi
touche-moi seulement
escargot monte sur axe pays blanc

vent veut
incolore
veut veut
trembles
veut
qui qui oui veut

monsieur
tzacatzac
parasol
casse casse
glace glisse
monsieur

monsieur
noix d'encre fait un bruit la fleur-timbre-
poste

pays voir blanc

à maya chrusecz

les ors des 10 heures ont brisé
la mort
brûlé la fenêtre en argile et or
séparer le bon de l'eau dans des
carrés de cuir
et le poisson alerte fixé avec une
épingle

cuire des yeux d'or d'insecte
je suis la mauvaise vibration de
la chaleur
dans les battements du cœur strié

les os sont aussi des cuillères
pour ton âme
mais nous voulons reconstruire
vert sonore sous porcelaine
dort dans le crâne

et poursuis les petits hommes
dans leur voyelle

coupe-les par le train le long de
la sonnerie
et poursuis les petits hommes
dans leur voyelle
le petit feu dans le calice
et poursuis les petits hommes
dans leur voyelle
poursuis les petits les petits
hommes dans leur voyelle

saut blanc crystal
à m ianco

sur un clou
machine à coudre décomposée en hauteur
déranger les morceaux du noir
voir jaune couler
ton cœur est un œil dans la boîte
de caoutchouc
coller à un collier d'yeux
coller des timbres-postes sur tes
yeux

partir chevaux norvège serrer

bijoux vers tourner sèche
veux-tu? pleure
lèche le chemin qui monte vers
la voix

abraham pousse dans le cirque
tabac dans ses os fermente
abraham pousse dans le cirque
pisse dans les os
le chevaux tournent ont des
lampes électriques au lieu des têtes
grimpe grimpe grimpe grimpe
archevêque bleu tu es un violon
en fer
et glousse glousse
vert
chiffres

petite ville en sibérie

une lumière bleue qui nous tient
ensemble aplatis sur le plafond
c'est comme toujours mon camarade
comme une étiquette des portes

infernales collées sur un flacon
de médecine
c'est la maison calme mon ami
tremble
et puis la danse lourde courbée
offre la vieillesse sautillant d'heure
en heure sur le cadran
le collier intact des lampes de
locomotives coupées descend
quelquefois parmi nous
et se dégonfle tu nommes cela
silence boire toits en fer-blanc
lueur de boîte de hareng et mon
cœur décent sur des maisons
basses plus basses plus hautes
plus basses sur lesquelles je
veux galoper et frotter la main
contre la table dure aux miettes
de pain dormir oh oui si l'on
pouvait seulement
le train de nouveau le veau
spectacle de la tour du beau je
reste sur le banc
qu'importe le veau le beau le
journal ce qui va suivre il fait
froid j'attends parles plus haut
des cœurs et des yeux roulent
dans ma bouche

en m a r c h e
et des petits enfants dans le sang
[est-ce l'ange? je parle de celui qui
s'approche]
courons plus vite encore
toujours partout nous resterons
entre des fenêtres noires

gare

danse crie casse
roule j'attends sur le banc
tout-de-même quoi? les nerfs sont
silences
d'instants coupés

lis tranquillement
virages
le journal
regarde qui passe?

je ne sais pas
si je suis tout seul
la lumière écoute mais de quel
côté et pourquoi

le vol d'un oiseau qui brûle

76

est ma force virile sous la coupole
je cherche asile au fond flamboyant
volant du rubis

j'ai donné mon âme
à la pierre blanche
dieu sans réclame
précis et sage

ordre en amitié
dire: la douleur du feu
a noirci mes yeux
et je les ai jetés dans la cascade

partir
vois mon visage
dans le cercle du soir ou dans
la valise
ou dans la cage neige

je pars ce soir
l'étincelle pleure
dans mon lit dans l'usine
hurlent les chiens et les jaguars

as-tu aussi donné ton âme
à la pierre bracelet
saltimbanque au crâne oblong

mon frère monte

je fus honnête
sœur infini
fini pour cette
nuit

cœurs des pharmacies plantes
s'ouvrent aux lueurs sphéroïdales
et les liqueurs de la religion
c'est vrai
les lions et les clowns

instant note frère

rien ne monte rien ne descend
aucun mouvement latéral
il se lève
rien ne bouge ni l'être ni le non-être
ni l'idée ni le prisonnier enchaîné
ni le tramway
il n'entend rien autre que lui
ne comprend rien autre que les
chaises la pierre le froid l'eau—connaît
connaît passe à travers la matière dure
n'ayant plus besoin d'yeux il les
jette dans la rue

dernier éclat du sang dans les
ténèbres
dernier salut
il arrache sa langue—flamme
transpercée par une étoile
tranquillisée
automne morte comme une feuille
de palmier rouge

et réabsorbe ce qu'il a nié et
dissolu le projette dans l'autre
hémisphère seconde saison de
l'existence
comme les ongles et les cheveux
croissent et retournent

remarques

femme étrange à double masque
courve blanche d'une danse obscène
viens près de moi seul accord
de membres las
opinions sans importance spéciale
bleu équivoque sang d'ébène

et le pourboire

cache ton désir
devant la mort à huit heures vingt
si je pouvais recommencer la
nuit ce matin
dieci soldi: voilà
mon âme

tu n'auras point ce soir
le dernier raffinement de ma
virilité
depuis longtemps j'ai surpassé
l'industrie mensongère
où tu traînes en ce moment ton
être de soleil putride

ainsi je passe tu passes comme
la mère l'enfant
lentement plus vite lentement
un après l'autre ou tous ensemble
œil de souteneur en or d'éternité
timide
disparaît
cloche d'un sentiment du rastaqouère
reine sage-femme
et c'est tout-à-fait dépourvu d'intérêt

Il a été tiré de cet ouvrage dix exemplaires
sur hollande numérotés de un à dix et
signés par les auteurs

Ces poèmes écrits entre mil neuf cent
quinze et mil neuf cent dix-huit ont été
achevé d'imprimer chez j heuberger à zurich
le vingt juin mil neuf cent dix-huit pour la
collection dada zurich zeltweg quatre vingt-
trois

Du même auteur: la première aventure
céleste de mr antipyrine avec des bois
gravés et coloriés par m janco